AF335954

A B
Contraste insuffisant
NF Z 43-120-14

*BIBLIOTHÈQUE DE L'ÈRE NOUVELLE*

I

# BARBARIE ET CIVILISATION

EXTRAIT

DE

## L'ÉVOLUTION DE LA PROPRIÉTÉ

*DE L'ÉTAT ET LA FAMILLE*

PAR FRÉDÉRIC ENGELS

DIRECTEUR DE L'ÈRE NOUVELLE

REVUE MENSUELLE
33, Rue des Écoles, 33
PARIS

SAINT-AMAND (CHER)
IMPRIMERIE ET LIBRAIRIE EM. PIVOTEAU
1893

# PRIX

*Pour les abonnés de* L'ÈRE NOUVELLE, 0 f. 30, port compris

*Pour les non abonnés,* 0 f. 40, port compris

*Pour l'étranger, port en sus*

I

# BARBARIE ET CIVILISATION

EXTRAIT

DE

## L'ÉVOLUTION DE LA PROPRIÉTÉ

*DE L'ÉTAT ET LA FAMILLE*

PAR FRÉDÉRIC ENGELS

SAINT-AMAND (Cher)

IMPRIMERIE ET LIBRAIRIE EM. PIVOTEAU

1893

# BARBARIE ET CIVILISATION (¹)

Jusqu'ici nous avons étudié la décomposition de l'organisation *gentile* chez trois peuples types : les Grecs, les Romains et les Allemands. Analysons, pour terminer, les facteurs économiques généraux, qui minèrent cette organisation déjà au stade supérieur de la Barbarie et l'anéantirent complètement dès l'entrée de l'humanité dans la Civilisation. Ici, le « Capital » de Marx nous sera tout aussi indispensable que le livre de Morgan (2).

Née au stade moyen de la Sauvagerie, développée au stade supérieur, la *gens* pour autant que nos sources nous permettent d'en juger, s'épanouit dans toute sa splendeur au stade inférieur de la Barbarie. C'est à partir de ce moment que nous allons envisager l'évolution.

C'est donc à ce moment — les Peaux Rouges de l'Amérique nous serviront de modèle — que l'organisation gentile est complètement réalisée. Une peuplade s'était scindée en plusieurs *gentes*, généralement en deux ; ces *gentes* primitives, à leur tour, se sectionnent, par suite de l'accroissement de la population, en plusieurs *gentes* sœurs, vis à vis desquelles la *gens*-mère apparaît comme phratrie. La peuplade elle-même s'émiette en plusieurs peuplades, qui représentent généralement les anciennes *gentes* ; dans quelques cas, un lien unit les peuplades apparentées. Cette organisation simpliste suffit absolument aux conditions sociales qui l'avaient créé. Elle

---

(1) Tel est le titre du dernier chapitre de l'étude profonde qu'a consacrée Engels à *L'Origine de la famille, de la propriété privée et de l'État.* Il est regrettable qu'une traduction Française n'en ait pas encore été publiée, pour permettre à notre prolétariat et à nos hommes d'études d'apprécier l'immense valeur de cette analyse du développement historique de l'humanité. Pour combler en partie cette lacune, nous commençons aujourd'hui la traduction de ce dernier chapitre, qui est en quelque sorte la conclusion de l'ouvrage. (*Der Ursprung der Familie, des Privateigenthums und des Staats. IX. Barbarei und Civilisation* — Stuttgart. 1892).

(1) *Ancient Society.* London, 1877.

n'est au surplus que leur groupement propre, naturel; elle est en mesure d'aplanir tous les conflits qui pourraient surgir au sein de la société organisée sur ces bases. Dans les relations extérieures, c'est la guerre qui résout les difficultés: celle-ci peut se terminer par l'extermination de la peuplade, mais non par son asservissement. C'est ce qu'il y a de grandiose, et en même temps d'étroit, dans l'organisation gentile, qu'elle ne s'adapte ni à la domination, ni à la servitude. A l'intérieur, il n'y a pas encore de distinction entre les droits et les devoirs; la question de savoir si la participation aux affaires publiques, la défense armée ou par voie de conciliation des intérêts compromis, est un droit ou un devoir, n'existe pas pour les Indiens: elle leur paraît aussi absurde, que celle de savoir si c'est un droit ou un devoir de manger, de dormir et de chasser. De même, la division d'une peuplade ou d'une *gens* en classes est impossible. Ceci nous amène à rechercher quelle est la base économique d'un ordre social semblable.

La population est excessivement clairsemée; elle est uniquement agglomérée à l'emplacement où habite la peuplade; tout autour s'étend au large, le territoire de chasse, séparé du territoire des peuplades voisines par le retranchement de la forêt neutre.

La division du travail est purement physiologique: elle n'existe qu'entre les deux sexes. L'homme combat à la guerre, va chasser et pêcher, fournit les produits alimentaires et fabrique les instruments qu'exigent ces fonctions. La femme administre la maison, s'occupe de la préparation de la nourriture et de la confection des vêtements, cuisine, tisse et coud. Chacun — homme et femme — est le maître absolu dans le domaine de ses occupations: l'homme dans la forêt, la femme à la maison. Chacun est propriétaire des instruments, qu'il a fabriqués et qu'il emploie: l'homme, de ses armes, de son matériel de chasse et de pêche; la femme, du mobilier de la maison. Le ménage est commun pour plusieurs familles, souvent pour un nombre considérable (1). Ce qui avait été fabriqué en commun ou était d'un usage commun, constituait la propriété collective: la maison, le jardin, le canot.

---

(1) Spécialement sur la côte du Nord-Ouest de l'Amérique. Chez les Haïdahs, dans l'île de la reine Charlotte, on rencontre jusque 700 personnes sous un même toit. Chez les Nootkas, des peuplades entières vivaient sous un même toit.

A cette organisation donc, et à elle seule, s'applique le dernier prétexte juridique, démenti par les faits, qui, à en croire messieurs les juristes et les économistes, sert de base à la propriété capitaliste, la « propriété, fruit du travail personnel », qui a servi de sujet à tant de développements poétiques.

Mais les hommes ne restèrent pas partout au même stade de développement. En Asie, se rencontraient des animaux, propres à la domestication et à l'élève. Il fallut faire la chasse au buffle, qui, une fois domestiqué, vêlait chaque année et fournissait, par dessus le marché, du lait. Une partie des peuplades les plus développées, des aryens, des jésuites et peut-être aussi déjà des touraniens, commença par domestiquer ces animaux, pour s'occuper, plus tard, en outre, de l'élevage du bétail, comme objet spécial de leur activité.

Des peuplades de pâtres se constituèrent à côté de la masse des barbares; ce fût la *première grande division sociale du travail*. Elles produisirent des moyens de subsistance, non seulement en plus grande quantité que les autres, mais encore différents et plus variés.

Ils avaient d'abord le lait et ses dérivés, la viande dans des proportions plus considérables ; puis, en sus, des peaux, de la laine, le poil de chèvre ; l'accroissement de la matière première y développa aussi la filature et le tissage. Pour la première fois, les conditions existantes rendirent possible l'échange régulier. Aux périodes précédentes, il ne pouvait être question que d'échanges occasionnels ; une aptitude spéciale à fabriquer des armes et des instruments de travail pouvait faire naître une division du travail passagère. C'est ainsi qu'on a retrouvé en maint endroit des vestiges indéniables d'ateliers, d'instruments de pierre, datant de l'âge reculé de la pierre; les artisans, qui exerçaient leurs aptitudes dans cette branche, travaillaient probablement pour le compte de la communauté, comme le font encore les artisans de la société gentile indienne. D'aucune façon, à cette phase, il ne pouvait naître un autre échange que celui qui se fait dans le sein même de la peuplade, et il constituait un fait exceptionnel.

Ici, au contraire, au lendemain de la séparation des peuplades de pasteurs, on rencontre tous les éléments nécessaires pour susciter l'échange entre les membres de diverses peuplades, pour le développer et en faire une institution. Primitivement l'échange se faisait de peuplade à peuplade, par l'intermédiaire des chefs respectifs de la gentilité : mais, lorsque les troupeaux furent progressivement érigés en propriété privée, l'échange personnel prévalut de plus en plus et finalement il devint la forme exclusive.

Le produit principal, que les peuplades de pasteurs échangeaient avec leurs voisins, était le bétail ; le bétail devint la marchandise, d'après laquelle on estimait toutes les autres et qu'on acceptait partout, comme équivalent de la marchandise échangée — en un mot, le bétail remplit la fonction de l'argent et déjà à ce stade fait le service de la monnaie. Tellement le besoin de la monnaie se faisait sentir impérieusement et rapidement, dès le début de la période d'échange de marchandises.

Le jardinage, qui était probablement inconnu aux barbares asiatiques, au stade inférieur, se développa chez eux au plus tard au stade moyen, comme précurseur de la culture des champs. Le climat des plateaux Touraniens n'est pas compatible avec la vie pastorale sans provision de nourriture pour le long et rigoureux hiver ; la récolte du foin et du grain s'imposait comme condition expresse.

Les steppes, s'étendant au nord de la mer Noire, subissaient les mêmes exigences. Si on se contenta d'abord de récolter du grain pour l'usage du bétail, il devint toutefois bientôt aussi la nourriture des êtres humains. La terre cultivée resta encore propriété de la peuplade ; l'usage en fut d'abord assigné à la *gens*, puis à des particuliers : ils pouvaient faire valoir sur cette terre certains droits de possession, mais pas davantage. Parmi les conquêtes industrielles, datant de ce stade, deux surtout sont importantes. La première est le métier à tisser ; la seconde, la fonte des minerais et la fabrication des métaux. Le cuivre et l'étain et leur composé, le bronze, sont de beaucoup, les plus importants ; le bronze fournissait d'excellents instruments de travail et des armes, mais il ne pouvait supplanter les instruments de pierre. Cela était réservé au fer, mais on ne s'y connaissait pas encore pour produire du fer. L'or et l'argent commencent à être employés pour la toilette et l'ornementation et doivent déjà avoir atteint une valeur considérable par rapport au cuivre et au bronze.

Le développement de la production dans toutes les branches — élevage, culture, travail manuel domestique — permit à la force-travail humaine de créer un produit plus considérable que n'en exigeait son entretien. En même temps, il augmentait la somme de travail journalier, qui incombait à chaque membre de la gens, de la communauté ménagère ou de la famille individuelle.

L'acquisition de nouvelles forces-travail devint désirable. La guerre les fournit ; les prisonniers de guerre furent réduits en esclavage. La première grande division sociale du travail suscita, avec son accroissement de la productivité du travail, donc de la richesse, et avec l'extension du champ de la production, dans l'ensemble des conditions historiques existantes, l'esclavage comme nécessité. *De la première grande division sociale du travail, jaillit la première scission de la société en deux classes : maîtres et esclaves, exploiteurs et exploités.*

Quand et comment les troupeaux sortirent du domaine commun de la pleuplade ou de la *gens*, pour devenir la propriété des seuls chefs de famille : à ce sujet nous ne possédons aucun renseignement. Mais ce phénomène doit s'être opéré à ce stade-ci.

La naissance de l'élevage des troupeaux et la création des autres richesses nouvelles provoquèrent une révolution dans la famille. L'acquisition de produits avait toujours été du ressort de l'homme ; les instruments fabriqués pour en acquérir étaient son œuvre et sa propriété. Les troupeaux étaient devenus les nouveaux moyens d'acquisition ; leur domestication et l'élevage étaient l'objet du travail du mâle. C'est à l'homme qu'appartenait donc le bétail ainsi que les marchandises et les esclaves obtenus en échange. Tout le bénéfice fait sur le travail, lui revenait ; la femme en jouissait, mais elle n'en avait aucune part de propriété.

Le guerrier et le chasseur « sauvage » se contentaient, à la maison, du deuxième rang, après la femme ; « le doux » pasteur, enorgueilli par l'acquisition de ses richesses, s'établit au premier rang et refoule la femme au second. La division du travail au sein de la famille avait réglé la division propriétaire entre l'homme et la femme ; elle était restée identique et malgré cela transformait de fond en comble les antiques rapports du ménage, uniquement parce que la division du travail au dehors de la famille avait changé. La même cause, qui précédemment assurait la prédominance de la femme dans la maison, à savoir sa réclusion dans le travail ménager, cette même cause assurait actuellement la prédominance de de l'homme dans la maison ; le travail ménager de la femme disparaissait devant le travail d'acquisition de richesses de l'homme : celui-ci était tout, l'autre n'était qu'un complément insignifiant. Ici déjà nous voyons que l'émancipation de la femme, son élévation au rang d'égale de l'homme est et reste une impossibilité, tant que la femme reste exclue du travail productif social et est reléguée dans le travail privé domestique. L'émancipation de la femme ne devient possible que lorsqu'elle peut participer à la production sociale dans une mesure importante et que le travail domestique, à son point de vue, n'entre en ligne de compte que dans une proportion minime. Cette éventualité n'a pu se produire que grâce à la grande industrie moderne, qui non seulement permet le travail des femmes dans de vastes proportions, mais même l'exige et qui tend également de plus en plus à restreindre le travail ménager devenu une forme publique d'industrie.

Avec la réalisation de la prédominance de l'homme dans la maison tombe la dernière barrière qui s'opposait à son omnipotence. Cette omnipotence fut consacrée et perpétuée par la ruine du matriarchat, l'introduction du patriarchat et la transformation du concubinat en monogamie. C'était une brèche ouverte dans l'antique organisation gentile : la cellule familiale devint une puissance et s'éleva menaçante en face de la *gens*.

Un nouveau pas en avant nous conduit au stade supérieur de la Barbarie, la période qui est caractérisée, chez tous les peuples civilisés, par « l'âge des héros » : c'est l'âge du glaive de fer et aussi du soc et de la hache de fer. Le fer étant entré dans le domaine utile de l'homme : il est le dernier et aussi le plus important des éléments de matière brute, qui jouèrent un rôle historique révolutionnaire, le dernier — jusqu'à la pomme de terre. Le fer servit à la culture de plus grandes étendues de terre et au défrichement d'immenses espaces boisés ; il donnait au travail manuel un instrument d'une dureté et d'un tranchant dont pas une pierre, pas un autre métal ne pouvaient fournir l'équivalent. Tout ceci n'est que relatif; le premier fer était souvent plus tendre que le bronze. C'est ainsi que les armes de pierre ne disparurent que lentement; on retrouve des haches de pierre non seulement dans le Chant d'Hildebrand, mais encore à la bataille d'Hasting, en 1066.

Le progrès toutefois marchait désormais d'un pas rapide; ses arrêts devenaient de plus en plus rares. La ville, avec des murailles de pierres, des tours, des créneaux, avec des maisons en pierres ou en briques, devint le siège central de la peuplade ou de la fédération des peuplades; c'était là l'indice d'un immense progrès en architecture, mais aussi le témoignage de l'accroissement du danger et du besoin de protection. La richesse se développait rapidement, mais comme propriété de quelques-uns; le tissage, la métallurgie et les autres travaux manufacturiers, qui se distinguaient de plus en plus les uns des autres, créèrent une différenciation croissante des branches de la production; la culture agricole fournissait du grain, des légumes, des fruits, ainsi que de l'huile et du vin, dont on avait découvert les secrets de fabrication. Une activité si variée ne pouvait plus être exercée par les mêmes individus: *la deuxième grande division du travail s'opéra*: le travail manufacturier se sépara de la culture.

Le développement croissant de la production et, comme conséquence, de la productivité du travail éleva la valeur de la force-travail humaine; l'esclavage, qui, au stade précédent, n'existait encore qu'à l'état embryonnaire et sporadique, devint un élément essentiel du régime social; les esclaves cessent d'être de simples aides; ils se livrent à des travaux multiples, à la campagne et à l'atelier; — avec la division de la production en deux grandes branches, la culture et le travail manufacturier, naît la production destinée expressément à l'échange, la production mercantile, ainsi que le commerce, non seulement à l'intérieur et aux confins de la peuplade, mais déjà par mer. Toutes ces manifestations sociales ne sont toutefois encore que peu développées; les métaux précieux commencent à devenir la monnaie générale, la monnaie par excellence; ils ne sont toutefois pas encore monnayés, ils s'échangent au poids brut.

A côté de la distinction entre libres et esclaves, apparaît celle entre riches et pauvres; c'est une nouvelle division de la société en classes, occasionnée par la nouvelle division du travail. La différence de propriété des chefs de famille privés fait disparaître l'antique communauté ménagère, à base communiste, partout où elle s'était conservé jusque là, en même temps que la culture commune du sol, pour le compte de la communauté. La terre labourable fut, au point de vue de l'exploitation, assignée aux familles privées, d'abord temporairement, plus tard de façon définitive ; sa transformation en propriété privée complète s'opère graduellement et parallèlement avec la transformation du concubinat en monogamie. La cellule familiale commence à devenir l'unité économique dans la société.

L'augmentation de la densité de la population nécessite une cohésion plus intime, au dedans et au dehors. L'union des peuplades apparentées devient un besoin partout; il en est bientôt aussi de même de leur fusion et conséquemment de la fusion des territoires séparés des peuplades de façon à former un territoire global du peuple. Le chef de l'armée du peuple — rex, basileus, thindans — devient un fonctionnaire plus indispensable, plus permanent. L'assemblée du peuple apparaît là où elle n'existait pas encore : les chefs d'armée, le conseil, l'assemblée populaire constituent les organes d'une société gentile, tendant vers la démocratie militaire. Militaire — car la guerre et l'organisation guerrière sont devenues maintenant des fonctions régulières de la vie de tous. Les richesses des peuples voisins excitent la cupidité de ceux qui considèrent déjà l'acquisition des richesses comme un des buts premiers de la vie. Ils sont barbares : le vol leur paraît être plus facile et plus honorable que le travail même. La guerre, qui précédemment n'était déclarée que pour se venger d'offenses commises ou pour étendre le territoire devenu insuffisant, existe maintenant comme moyen de pillage, devient un des modes réguliers d'acquisition de richesses.

Ce n'est pas inutilement qu'autour des nouvelles villes fortifiées se dressent, menaçantes, des murailles ; parmi les tombeaux qu'elles renferment s'ouvre, béant, le tombeau de l'organisation gentile et ces tours annoncent la civilisation(¹). Il en est de même à l'intérieur. Les guerres de pillage aug-

<hr>

(1) Littéralement: pénétrent dans le cœur même de la civilisation.

mentent la puissance des chefs supérieurs et inférieurs de l'armée; l'élection de leurs successeurs dans les mêmes familles — comme l'avait consacré l'habitude — se transforme, dès l'introduction du patriarchat, graduellement, en une hérédité d'abord tolérée, puis revendiquée, enfin usurpée. C'est ainsi que les organes de l'organisation gentile se détachent progressivement de leur racine, le peuple, la gens, la phratrie, la peuplade, et que toute l'organisation gentile se transforme en sens contraire : d'une organisation de peuplades en vue du libre arrangement de leurs intérêts respectifs, elle devient une organisation en vue du pillage et de l'oppression des voisins; et en concordance avec cette transformation, les organes de la volonté populaire deviennent des organes indépendants dont la raison d'être est la domination exercée sur le peuple même et son oppression. Pareille transformation n'aurait toutefois jamais été possible, si l'esprit de lucre n'avait partagé les égaux gentils en riches et pauvres, si « la différence de propriété à l'intérieur de la gens même n'avait transformé l'unité des intérêts en un antagonisme entre les égaux gentils » (MARX), et si l'esclavage ne s'était pas déjà développé, développement qui fit qu'on considéra la production des moyens de subsistance comme uniquement digne d'être l'œuvre d'esclaves et comme plus déshonorante que le pillage.

*<br>* *

Nous voici arrivés au seuil de la civilisation. Elle s'ouvre par un nouveau progrès de la division du travail. Dans la période barbare inférieure les hommes ne produisaient qu'en vue de leurs propres besoins; l'échange ne se faisait que rarement, avec les produits existant par hasard en surabondance. Au stade moyen de la barbarie, nous retrouvons chez les peuples pasteurs, sous la forme du bétail, un produit qui, dès que le troupeau a une certaine importance, fournit régulièrement un surplus sur les besoins privés, et en même temps une division du travail entre peuples pasteurs et peuplades arriérées sans troupeaux; grâce à cette situation, deux stades différents de la production subsistèrent simultanément et, comme conséquence, les conditions requises pour un échange régulier existaient.

Le stade supérieur de la Barbarie nous révèle un développement de la division du travail, la culture et le travail manufacturier, et par là, engendre la production d'une part sans
cesse croissante de produits destinés directement à l'échange,
dès lors une extension de l'échange entre producteurs particuliers, comme nécessité impérieuse de la vie sociale. La civilisation consacre et développe toutes ces formes antérieures de
la division du travail, en accentuant l'opposition entre la ville
et la campagne (d'où dérive la possibilité de la prédominance
de la ville sur la campagne, comme dans l'antiquité, ou de la
campagne sur la ville, comme au moyen-âge) et elle y ajoute
une troisième division du travail qui lui est propre et qui a
une importance décisive : elle enfante une classe qui ne
s'occupe plus de la production, mais exclusivement de l'échange
des produits : *les marchands*.

Tous les éléments qui jusqu'ici avaient servi à l'élaboration
des classes, étaient exclusivement empruntés à la production;
ils divisaient ceux qui participaient à la production en diri-
geants et en dirigés ou encore en grands et petits producteurs.
Voici que pour la première fois apparaît une classe, qui sans
prendre part d'une façon quelconque à la production, acquiert
la direction complète de la production et asservit économique-
ment les producteurs ; qui se fait l'intermédiaire indispensable
entre deux producteurs et les exploite tous deux. Sous prétexte d'épargner aux producteurs la peine et les risques de
l'échange, d'étendre à des marchés éloignés le débit de leurs
produits, et ce faisant, de devenir la classe la plus utile de la
société, il se constitue une classe de parasites sociaux, qui
comme salaire pour ses minimes services réels écume la crème
tant de la production aborigène que de la production étran-
gère, acquiert bientôt d'énormes richesses et l'influence sociale
y correspondant et de ce chef pendant la période de la civilisation est appelée à de nouveaux honneurs et à une domination croissante de la production, jusqu'à ce qu'enfin elle pro-
duisit elle-même un rejeton lui appartenant cette fois — les
crises commerciales périodiques.

Au stade d'évolution auquel nous nous trouvons, la nouvelle
classe marchande n'a pas encore le sentiment des grandes
choses que lui réservait l'avenir. Mais elle se constitue, se
rend indispensable et cela suffit. En même temps qu'elle, se

forme aussi l'*argent monnayé*, et grâce à lui se crée un nouvel élément de la domination du non-producteur sur le producteur et ses produits. La marchandise des marchandises, qui renferme en soi à l'état latent toutes les autres marchandises, était découverte, le moyen magique, qui peut se transformer à volonté en toute chose désirable et désirée. Qui avait la monnaie, dominait le monde de la production. Et qui surtout la possédait ? Le marchand. Entre ses mains, le culte de l'argent avait un tabernacle certain. Il s'efforçait de montrer à tous comment toutes les marchandises, et avec elles tous les producteurs de marchandises devaient se prosterner humblement devant l'argent ! Il prouvait par le fait, que tous les autres aspects de la richesse n'étaient qu'une vaine apparence, comparés à cette matérialisation de la richesse comme telle. Jamais l'argent n'a assis sa puissance avec tant de rudesse et de brutalité que dans la période qui suivit son apparition. Après l'achat de marchandises contre l'argent, apparût l'avance d'argent, avec l'intérêt et l'usure. Et aucune législation postérieure n'a livré le débiteur, pieds et poings liés, au créancier usurier avec autant de cruauté que celle de l'ancienne Athènes et de l'ancienne Rome — et toutes deux s'élaborèrent spontanément, vrais droits coutumiers, sous la seule pression économique.

A côté de la richesse en marchandises et en esclaves, à côté de la richesse en argent, se développe aussi la richesse foncière. Le droit de propriété privée des parcelles du sol originairement léguées par la gens ou la peuplade s'était tellement affermi, que ces parcelles appartenaient à leurs détenteurs comme propriété héréditaire. Le but vers lequel ceux-ci tendent surtout, c'était leur affranchissement vis-à-vis du droit que pouvait encore élever la gentilité sur ces parcelles et qui était pour eux une gêne. Ce lien fut rompu ; mais peu après fut anéantie aussi la propriété foncière elle-même. La propriété complète, libre du sol, ne signifiait pas seulement possibilité de posséder le sol exclusivement, mais encore possibilité de l'aliéner.

Tant que subsistait la propriété gentile du sol, cette possibilité n'existait pas. Mais dès que le nouveau propriétaire terrien eût définitivement tranché le lien qui rattachait le sol à la gens et à la peuplade comme propriété supérieure, il eut aussi brisé la chaîne qui précédemment le retenait inséparablement au sol. La portée de ce fait se manifesta à lui grâce à la découverte contemporaine de l'établissement de la propriété privée foncière, de l'argent.

Le sol pouvait maintenant devenir une marchandise qu'on vendait et aliénait. A peine la propriété foncière était-elle établie, que l'hypothèque était également découverte (exemple d'Athènes). Comme l'hétérisme et la prostitution se cramponnent aux flancs de la monogamie, ainsi se cramponne l'hypothèque aux flancs de la propriété foncière.

C'est ainsi qu'avec l'extension du commerce, grâce à l'argent et à l'usure, avec la propriété foncière et l'hypothèque, s'accentua la concentration et la centralisation de la richesse dans les mains d'une classe peu nombreuse et simultanément l'appauvrissement croissant des masses et l'accroissement de la masse des pauvres. La nouvelle ploutocratie, partout où elle ne s'était pas confondue précédemment avec la vieille noblesse de la peuplade, refoula finalement celle-ci à l'arrière plan (à Athènes, à Rome, chez les Germains). Et en même temps que s'opère cette division des libres en classe d'après la richesse, on constate, surtout en Grèce, un accroissement inouï du nombre des esclaves[1], dont le travail forcé constituait la base, sur laquelle s'élevait la structure de toute la société.

Considérons, d'après ce qui précède, ce que cette transformation sociale a fait de l'organisation gentile. En face des nouveaux éléments, qui avaient grandi sans sa participation, celle-ci se trouvait impuissante. Son existence présumait que les membres d'une gens, ou du moins d'une peuplade, étaient établis sur le même sol et l'occupaient à l'exclusion d'autrui. Cette situation était disparue depuis longtemps. Partout les gentes et les peuplades étaient entremêlées, partout des esclaves, des clients, des étrangers habitaient au milieu des citoyens. La fixité du domicile qui n'apparut qu'à la fin du stade moyen de la barbarie, fut de nouveau interrompue par les transferts et la mobilité du domicile qu'exigeaient le commerce, les échanges de marchandises et de propriété foncière.

---

[1] Athènes comprenait une population libre, avec femmes et enfants de 90,000 âmes, à côté d'une population de 365,000 esclaves des deux sexes, et de 45,000 clients. A Corinthe, à l'apogée de sa puissance, on trouve 460,000 esclaves, à Egine, 470,00, c'est-à-dire, dans ces deux cas, le décuple de la population libre.

Les membres du corps des gentiles ne pouvaient plus s'assembler pour veiller à leurs propres intérêts communs; à peine s'occupe-t-on encore des choses sans importance, comme les fêtes religieuses. A côté des intérêts et des besoins, dont les coordination constituait les attributions des corps gentiles, la modification dans les rapports de production et la transformation correspondante de la structure sociale, avaient créé de nonveaux intérêts et besoins, qui, non seulement étaient étrangers à l'organisation gentile, mais encore la sapaient à tous les points de vue. Les intérêts particuliers de la ville, opposée à la campagne, exigeaient de nouveaux organes; mais chacun de ces groupes se composait de membres des gentes, phratries et peuplades les plus variées, il comprenait même des étrangers.

Ces organes devaient donc se constituer en dehors de l'organisation gentile, à côté d'elle et par suite contre elle. Et en outre dans chaque corps gentile se faisait sentir ce conflit d'intérêts poussé à l'état aigu par la coexistence dans une même gens ou peuplade de riches et de pauvres, d'usuriers et de débiteurs. A ces éléments se joignait la masse de la population nouvelle, étrangère aux associations gentiles, qui, comme à Rome, pouvait devenir une puissance dans le pays, et, en sus, était trop nombreuse pour être incorporée entièrement dans les familles et les peuplades consanguines. En face de cette masse, les corporations gentiles apparaissaient comme des corporations fermées, privilégiées; la démocratie originaire, naturelle, s'était transformée en une aristocratie haineuse. Enfin l'organisation gentile était issue d'une société qui ne connaissait point d'antagonismes internes et elle n'était adaptée qu'à une pareille société. Elle n'avait pas de moyen coercitif en dehors de l'opinion publique. Maintenant, au contraire, nous sommes en présence d'une société qui, en vertu des conditions générales de la vie économique avait dû se scinder en libres et esclaves, en riches exploiteurs et en pauvres exploités, avec une société qui, non seulement était impuissante à résoudre ces antagonismes, mais devait les accentuer de plus en plus. Semblable société ne pouvait subsister ou bien qu'en vivant dans une lutte ouverte, permanente, de ces classes entre elles, ou bien qu'en se plaçant sous la dénomination d'une troisième puissance qui, planant en apparence au-dessus des classes belligérantes, étouffait le conflit public, et ne permettait au plus à la lutte des classes que de se livrer sous une forme soi-disant légale sur le terrain économique. L'organisation gentile avait vécu. Elle avait succombé sous la pression de la division du travail et de son produit, la division de la société en classes. Elle fut remplacée par l'*Etat*.

*  *

Les trois formes, sous lesquelles l'Etat grandit sur les ruines de l'organisasion gentile, nous les avons considérées en particulier. Athènes présente la forme la plus pure, la plus classique; ici l'Etat jaillit directement et forcément des antagonismes de classe, qui se développent dans le sein de la société gentile. A Rome, la société gentile devient une aristocratie fermée au milieu d'une plèbe nombreuse, vivant en dehors d'elle, sans droit, mais accablée de devoirs. La victoire de la plèbe amène la chûte de l'ancienne organisation familiale et édifie, sur les ruines de celle-ci, l'Etat, dans lequel l'aristocratie gentile et la plèbe se phtisifient bientôt toutes deux.

Chez les vainqueurs allemands de l'empire Romain enfin, l'Etat est issu directement de la conquête de grands territoires étrangers, que l'organisation gentile est impuissante à administrer. Mais comme à cette conquête se rattache en outre une lutte sérieuse contre l'ancienne population, il s'opère une division plus développée; comme le degré de développement économique est à peu près identique chez les vainqueurs et les vaincus, comme la base économique de la société reste la même, l'organisation gentile peut se maintenir pendant de longs siècles sous une forme transformée, territoriale, comme organisation de la marche, et même se rajeunir sous une forme moins accentuée pendant toute une période, dans les familles postérieures de nobles et de patriciens, ou encore dans les familles de paysans, comme dans le Dithmarschen(¹).

L'Etat n'est donc nullement une force imposée à la société par le dehors; il n'est pas davantage la « réalisation de l'idée morale » comme dit Hegel, ou « l'image de la raison et sa

---

(1) Le premier historien qui ait eu une notion se rapprochant de la réalité de la gens, fut Niebuhr; il en est redevable — en même temps que des erreurs qu'il a léguées — à sa connaissance des familles Dithmarschiennes.

transformation en fait. » Il est un produit de la société à un degré déterminé de son évolution ; il est l'aveu que cette société entraînée dans une contradiction irréductible avec elle, s'était morcelée en contraires irréconciliables, dont elle était impuissante à se délivrer. Mais pour que ces contraires, des classes à intérêts économiques opposés, ne s'épuisent pas eux-mêmes et la société dans une lutte inutile, le besoin d'une force planant en apparence au-dessus de la société s'est fait sentir, qui devait affaiblir le conflit, le maintenir dans les limites de « l'ordre » ; et cette force, née de la société, mais s'élevant au-dessus d'elle, lui devenant de plus en plus étran-gère, c'est l'Etat.

Vis à vis de l'ancienne organisation gentile, l'Etat se distingue d'abord par la division de ses sujets *d'après le terri-toire*. Les anciennes associations gentiles, enserrées et contenues par les liens du sang, étaient devenues insuffisantes comme nous l'avons vu, surtout parce qu'elle supposaient une attache entre ses membres et un territoire déterminé et que celle-ci n'existait plus depuis longtemps. Le territoire était resté, mais les hommes étaient devenus mobiles. On prit donc la division territoriale comme point de départ et on permit aux citoyens de jouir de leurs droits publics et d'accomplir leurs devoirs, là où ils s'établissaient, sans prendre en considération la gens et la peuplade. Cette organisation des sujets d'un Etat d'après leur situation territoriale est commune à tous les Etats. C'est là pour nous chose naturelle ; mais nous avons vu quelles luttes difficiles et longues l'établissement de cette organisation sur les ruines de l'ancienne structure par les familles, exigea à Athènes et à Rome.

Le deuxième caractère est l'institution d'une *force publique* qui ne coïncide plus avec la population s'organisant elle-même, comme force armée. Cette force spéciale, publique, est néces-saire, vu qu'une organisation armée autonome de la popula-tion est devenue impossible depuis la division en classes. Les esclaves appartiennent aussi à la population ; les 90,000 ci-toyens athéniens ne forment qu'une classe privilégiée vis à vis des 365,000 esclaves. L'armée populaire de la démocratie athénienne était une force publique aristocratique opposée aux esclaves, qu'elle maintenait dans l'oppression ; mais pour dompter les citoyens même, on eut en outre besoin d'une gendarmerie, comme nous l'avons vu plus haut. Cette force publique existe dans chaque Etat ; elle ne se compose pas uniquement d'hommes armés, mais aussi de dépendances matérielles, prisons et instruments de contrainte de tout genre qui étaient inconnus dans l'organisation gentile. Elle peut être insignifiante, presque nulle dans des sociétés aux antagonismes de classe peu développés et aux territoires éloignés, comme naguère les Etats-Unis nous en fournissaient l'exemple par endroits. Elle se renforce au contraire, à mesure que les antagonismes de classe s'accentuent à l'intérieur de l'Etat et que les Etats limitrophes deviennent plus grands et plus peuplés — à preuve l'Europe actuelle, où la guerre de classes et la concurrence en vue des conquêtes ont accru la force publique à tel point qu'elle menace de dévorer la société entière et même l'Etat.

Pour soutenir cette force publique, des contributions des citoyens de l'Etat sont nécessaires — ce sont les impôts. Ceux-ci étaient absolument inconnus dans l'organisation gentile. Nous autres, au contraire, nous pouvons en parler en connaissance de cause. A mesure que la civilisation marche, ils ne suffisent plus eux-mêmes ; l'Etat tire des lettres de change sur l'avenir, fait des emprunts, les *dettes d'Etat*. Sur ce sujet, l'Europe peut aussi en dire long.

En possession de la force publique et du droit de lever les impôts, les fonctionnaires présentent l'apparence d'organes de la société planant sur la société. La considération libre, volontaire, qu'on témoignait à l'égard des organes de l'organisation gentile, ne leur suffit plus, même là où ils sont en état de l'acquérir ; investis d'une puissance démembrée de la société, ils doivent être l'objet d'un respect consacré par des lois d'exceptions, en vertu desquelles ils jouissent d'une sainteté et d'une inviolabilité particulières. L'agent de police le plus imbécile de l'Etat civilisé a plus « d'autorité » que tous les organes de la société gentile réunis ; mais le souverain le plus puissant et le plus grand homme d'Etat ou général de la civilisation peut envier le plus humble préposé gentile pour la considération qui s'attachait à sa personne, sans contrainte et sans opposition. L'un se trouve au milieu même de la société ; l'autre a la mission de vouloir représenter quelque chose en dehors et au-dessus d'elle.

L'Etat, né du besoin de réfréner les conflits des classes, est au milieu des conflits, l'état de la classe la plus puissante au point de vue économique. Celle-ci devient, par son entremise, prépondérante politiquement, et acquiert sans cesse de nouveaux moyens de tenir sous le joug et d'exploiter les classes opprimées. C'est ainsi que l'état antique a été, avant tout, l'état des possesseurs d'esclaves ; l'état féodal, l'organe de la noblesse vis à vis des serfs et des paysans corvéables, et que l'état moderne représentatif est l'instrument de l'exploitation du travail salarié par le capital. De temps à autre, on rencontre exceptionnellement des périodes où les classes en lutte se font tellement équilibre que l'Etat semble alors ne jouer que le rôle de modérateur et acquiert vis-à-vis d'elles une certaine indépendance. On a vu la monarchie des XVII° et XVIII° siècles balancer l'une contre l'autre la bourgeoisie et la noblesse et le bonapartisme du premier et surtout du second empire, en France, mettre en jeu tour à tour le prolétariat contre la bourgeoisie et la bourgeoisie contre le prolétariat. Le dernier exemple en ce genre et qui fait apparaître, sous un jour également comique, les gouvernants et les gouvernés, c'est le nouvel empire allemand de nature bismarckienne. Ici, capitalistes et ouvriers sont mis en présence, tenus en bride et floués simultanément au profit des hobereaux prussiens criblés de dettes.

Dans la plupart des Etats historiques, les droits octroyés aux citoyens ont été gradués suivant la fortune. C'était exprimer directement ce fait que l'Etat est une organisation dont le but est de protéger les classes qui possèdent contre celles qui n'ont rien.

A Rome, comme à Athènes, c'est la richesse privée, au moyen-âge, la propriété foncière qui ont servi de base à la distribution de la part de chacun à la puissance politique. On sait ce que signifie le cens électoral dans les états représentatifs modernes. Cette affirmation publique de l'influence de la fortune n'est cependant pas chose essentielle ; elle marque, au contraire, un degré inférieur dans le développement de l'Etat. La forme la plus élevée de ce dernier, la République démocratique, qui devient de plus en plus une nécessité dans les conditions sociales d'aujourd'hui, et sous laquelle, seule, pourra se livrer la dernière bataille décisive entre la bourgeoisie et le prolétariat, la République démocratique ne sait plus rien officiellement des différences de fortune et de propriété. La richesse y exerce sa puissance modestement, mais avec d'autant plus de sûreté, d'une part, sous la forme de corruption directe de fonctionnaires dont l'Amérique nous offre le plus parfait modèle, d'autre part, sous la forme de l'alliance du Gouvernement et de la Bourse, alliance qui s'accomplit d'autant plus facilement que les dettes d'État augmentent et que les compagnies par actions, une fois maîtresses des transferts concentrent dans leurs mains la production elle-même et trouvent leur centre aussi dans la Bourse. La nouvelle République française est, avec l'Amérique un exemple frappant de cet état de choses, et l'honnête Suisse elle-même a fait des siennes sur ce terrain. Mais cette alliance fraternelle du gouvernement et de la Bourse n'exige nullement une République démocratique. C'est ce dont témoigne, outre l'Angleterre, le nouvel empire où l'on ne peut dire lequel a été élevé le plus haut par le suffrage universel, de Bismarck ou de Bleichrœder. Le suffrage universel est le dernier instrument de règne des classes possédantes. Tant que la classe exploitée, aujourd'hui le prolétariat, ne sera pas mûre pour sa délivrance, elle reconnaitra l'ordre politique actuel comme le seul possible et formera politiquement la queue de la classe capitaliste, son aile d'extrême-gauche. Mais à mesure qu'elle deviendra capable de s'émanciper, elle se constituera en parti autonome et élira ses propres représentants. Le suffrage universel est aussi le thermomètre de la maturité de la classe ouvrière ; il ne peut être et ne sera jamais rien de plus sous la constitution politique régnante. Le jour où le thermomètre du suffrage universel marquera le point d'ébullition chez les travailleurs, ces derniers sauront aussi bien que les capitalistes à quel point en seront les choses.

* *

Il y a eu des sociétés sans aucune idée, sans le moindre pressentiment de l'État ou d'une puissance d'état, et qui ont bien su s'en passer. Si, à un certain degré du développement économique, dont la conséquence inévitable a été la formation et la lutte des classes, l'État est devenu une nécessité, nous approchons maintenant à grands pas d'un autre degré de développement de la production, dans lequel l'existence de ces classes, non seulement aura cessé d'être une nécessité, mais encore deviendra un obstacle à l'action des forces productives. Ces classes disparaîtront aussi inévitablement qu'elles ont dû naître autrefois et avec leur disparition coïncidera celle de l'Etat. La société qui organisera la production sur la base d'une association libre et égalitaire des producteurs, reléguera à sa vraie place toute la machine politique, dans le musée des antiquités, à côté du rouet et de la hache de bronze.

* *

D'après ce qui précède, l'époque civilisée, autrement dit la civilisation, constitue toute cette période historique qui dure encore, dans laquelle la division du travail, l'échange entre particuliers qui en résulte et la production marchande qui les embrasse tous deux, arrivent à leur plein développement et bouleversent toute l'ancienne société.

La production de toutes les périodes sociales primitives a été essentiellement communiste aussi bien, du reste, que la consommation, basée sur un partage direct des produits, soit dans les grandes, soit dans les petites communautés. Tout cela se mouvait dans d'étroites limites ; mais chacun pouvait se rendre compte de l'ensemble et, tant que la production s'est effectuée sur cette base, elle n'a pas pu dépasser les calculs des producteurs ni faire naître, vis à vis d'eux, des forces étrangères et énigmatiques comme celles que la civilisation a vu surgir régulièrement et inévitablement.

Dès l'avènement de la division du travail, tout changea en effet. Le mode de production collectif fut ruiné peu à peu, l'appropriation devint de plus en plus individuelle, l'échange entre particuliers s'établit et le produit se transforma en marchandise. La production marchande une fois généralisée, les produits passèrent de mains en mains, n'étant plus faits pour la consommation privée mais pour l'échange, et les producteurs ne surent plus ce qu'ils devenaient.

Dès que la monnaie et, avec la monnaie le marchand, remplirent le rôle d'intermédiaires entre les producteurs, l'échange entra dans une voie de complications et le sort final des produits échappa à toute prévision. Les marchands sont nombreux, et aucun d'eux ne sait ce que l'autre fait. Les produits ne passèrent plus seulement de main en main, mais de marché en marché. Les producteurs perdirent tout contrôle et toute direction sur l'ensemble de la production dans leur propre ressort, et comme les marchands étaient incapables de s'en emparer à leur place, production et produits échouèrent au hasard.

Mais le hasard n'est qu'un pôle d'un ensemble de choses dont l'autre pôle s'appelle nécessité. Dans la nature, où le hasard semble aussi régner, on a, depuis longtemps, constaté la nécessité intime et la régularité qui se font jour et s'imposent au milieu de ce hasard. Il en est de même dans la société. Tous les accidents de la production de marchandises et de l'échange sont soumis à des lois qui s'affirment vis à vis des producteurs et des échangistes, comme des forces étrangères tout d'abord inconnues et dont l'essence ne peut être que très difficilement devinée et étudiée. Ces lois économiques se modifient à chaque degré nouveau du développement de la forme de la production ; mais tout l'ensemble de la période civilisée est dominé par elles. Aujourd'hui encore le produit tient le producteur sous sa puissance ; aujourd'hui encore, toute la production des sociétés est réglée, non par un plan déterminé et élaboré en commun, mais par des lois aveugles, se faisant valoir avec toute la force des éléments naturels et dont les effets éclatent en dernière instance dans les orages des crises commerciales périodiques.

La division du travail et l'échange une fois établis, il ne fallut pas longtemps pour que l'on découvrit cette grande vérité que l'homme peut aussi être une marchandise et que la force humaine de travail est utilisable et échangeable au moyen de la transformation de l'homme en esclave. A peine les hommes eurent-ils commencé à échanger qu'ils furent eux-mêmes soumis à l'échange. Après les esclavages antiques viennent successivement le servage de l'époque féodale et le prolétariat moderne. Ces trois formes de servitudes caractérisent les trois grands stades de la civilisation. Il y a encore aujourd'hui des esclaves, soit ouvertement, soit de façon dissimulée.

Au point de vue économique, toute cette époque de la production marchande s'est signalée, même dès son origine : 1° par l'introduction de la monnaie métallique, entraînant le capital-argent, l'intérêt et l'usure ; 2° par l'avénement de la classe des marchands ; 3° par la constitution de la propriété privée et de l'hypothèque ; 4° par le travail servile devenant prépondérant dans la production.

La forme de famille, correspondant à la civilisation et parvenue avec elle à prévaloir définitivement n'est autre que la monogamie, expression de la domination de l'homme sur la femme et de la valeur de chaque famille isolée comme unité économique de la société. Le tout est embrassé par l'Etat qui, dans toutes les périodes modèles, est le serviteur de la classe régnante et, dans tous les cas, ne sert essentiellement qu'à tenir sous le joug la classe exploitée. — Signalons encore comme caractéristique de la période civilisée l'opposition de de la ville et de la campagne, base de toute la division du travail social, et l'institution des testaments qui permet au propriétaire de disposer de sa propriété, même après sa mort. Cette institution, absolument contraire à l'esprit de l'antique gentilité est restée inconnue à Athènes jusqu'à Solon ; elle fut de bonne heure introduite à Rome, mais nous ne savons à quelle époque ; le clergé l'établit en Allemagne afin que tout brave Allemand put aisément abandonner ses biens à l'Eglise.

Avec cette constitution pour base, la civilisation a accompli des choses qui dépassaient infiniment toutes les forces de l'ancienne gentilité. Mais elle les a accomplis en mettant en mouvement les passions les plus viles, les penchants les plus égoïstes de l'homme et en les développant au détriment de toutes les autres capacités et aptitudes. La cupidité a été l'âme de la civilisation depuis son premier pas jusqu'à l'heure actuelle. La richesse, encore la richesse et toujours la richesse, richesse, non de la société, mais de tel ou tel individu, a été l'unique moteur. Et comme elle était fondée sur l'exploitation d'une classe par une autre, son développement s'est opéré et s'opère encore au milieu de contradictions sans fin : Chaque progrès de la production aggrave la situation de la classe qui produit et qui est la grande majorité ; ce qui est un bienfait pour les uns est un mal pour les autres. Un exemple convaincant nous en est fourni par le machinisme contemporain dont nul n'ignore les effets. Et tandis que, chez les barbares, il était à peine possible de faire une distinction entre les droits et les devoirs, la Civilisation fait éclater leur différence et leur opposition aux yeux des plus naïfs, en attribuant presque tous les devoirs à une classe et à l'autre presque tous les droits.

Il est évident qu'une telle situation ne devrait pas être. Ce qui est bon pour la classe régnante doit être bon pour la société toute entière avec laquelle la classe régnante s'identifie. C'est pourquoi, à mesure qu'elle progresse, la Civilisation se voit forcée de couvrir du manteau de la charité les maux qu'elle enfante, de les atténuer, de les nier, en un mot de pratiquer cette hypocrisie de conventions inconnue aux premières sociétés et qu'elle-même ignorait à son début. Et quel est le dernier mot de cette hypocrisie ? C'est que l'exploitation dont est victime la classe opprimée de la part de la classe privilégiée n'a lieu que dans l'intérêt de la première ; et si celle-ci ne le voit pas, c'est qu'elle est pleine de la plus noire ingratitude à l'égard d'exploiteurs qui l'accablent de bienfaits.

Donnons maintenant pour conclure le jugement de Morgan sur la civilisation :

« Depuis l'origine de la période civilisée, l'accroissement de la richesse a été tellement énorme, la variété de ses formes tellement grande, son application si étendue et si complexe, son administration si habilement dirigée dans l'intérêt de ses possesseurs, que cette richesse s'est posée vis-à-vis du peuple, comme une puissance invincible et irrésistible. L'esprit de l'homme demeure stupéfait devant sa propre création. Et pourtant un temps viendra où la raison humaine aura acquis les moyens de diminuer la richesse, où elle fixera les rapports de l'État et de la propriété et les limites des droits des propriétaires. Les intérêts de la société sont absolument supérieurs à ceux des individus et il importe d'établir entre eux un rapport d'harmonie et de justice. L'acquisition de la richesse n'est pas la fin de l'humanité, si, du moins, le progrès reste la loi de l'avenir comme il fut celle du passé. Le temps écoulé depuis le commencement de la période civilisée n'est qu'une minime fraction de l'existence de l'espèce humaine. La dissolution de la société actuelle s'annonce menaçante, comme terme d'une carrière historique dont la richesse a été le seul but ; car le système de cette société contient les éléments de sa propre destruction. Démocratie dans l'administration, fraternité dans les relations sociales, égalité des droits, éducation universelle, inaugureront la prochaine période historique que la raison, l'expérience et la science préparent aujourd'hui. Cette nouvelle période sera *la résurrection* — mais sous une forme supérieure — de la liberté, de l'égalité et de la fraternité des antiques *gentes*. » (Morgan, *Ancient society*).

F. ENGELS.